Medio ho Cosecha Libro de cocina 2021

CW00504050

Colección de medias cocinas súper sencillas El libro completo de cocina mediterránea con vibrantes recetas probadas en la cocina para vivir y comer bien cada día

La información contenida en las siguientes páginas se considera, en términos generales, una exposición veraz y exacta de los hechos y, como tal, cualquier falta de atención, uso o mal uso de la información en cuestión por parte del lector hará que cualquier acción resultante sea únicamente de su incumbencia. El editor o el autor original de esta obra no pueden ser considerados de ninguna manera responsables de los daños y perjuicios que puedan sufrir los lectores tras la utilización de la información aquí descrita.

Además, la información contenida en las páginas siguientes tiene únicamente fines informativos, por lo que debe considerarse universal. Como corresponde a su naturaleza, se presenta sin garantía de su validez prolongada ni de su calidad provisional. Las marcas comerciales que se mencionan se hacen sin el consentimiento por escrito y no pueden considerarse en modo alguno como un respaldo del titular de la marca.

ÍNDICE DE CONTENIDOS

10

DESAYUNO

Quiche de verduras verdes

Tiempo de preparación: 20 minutos

Tiempo de cocción: 20 minutos

Porciones: 4

Ingredientes:

- Seis huevos ecológicos
- ½ taza de leche de almendras sin azúcar
- Sal y pimienta negra molida
- 2 tazas de espinacas tiernas
- ½ taza de pimiento verde
- Una cebolleta
- ¼ de taza de cilantro
- Una cucharada de cebollino,
- Tres cucharadas de queso mozzarella

Direcciones:

1. Caliente el horno a 400ºF.
2. Engrasar un molde para tartas. Batir los huevos, la leche de almendras, la sal y la pimienta negra. Reservar.

3. En otro recipiente, añada las verduras y las hierbas, y mezcle.
4. Coloque la mezcla de verduras y cubra con la mezcla de huevos en el molde para tartas.
5. Hornear en 20 minutos. Retirar y espolvorear con el queso parmesano.
6. Cortar y servir.

Nutrición: Calorías 176 Carbohidratos netos 4,1 g Grasa total 10,9 g Colesterol 257 mg Proteínas 15,4 g

Frittata de pollo y espárragos

Tiempo de preparación: 15 minutos

Tiempo de cocción: 12 minutos

Porciones: 4

Ingredientes:

- ½ taza de pechuga de pollo alimentada con pasto
- 1/3 de taza de queso parmesano
- Seis huevos ecológicos
- Sal
- pimienta negra molida
- 1/3 de taza de espárragos cocidos
- ¼ de taza de tomates cherry
- ¼ de taza de queso mozzarella

Direcciones:

1. Caliente la parrilla del horno y mezcle en un bol el queso parmesano, los huevos, la sal y la pimienta negra.
2. Derrita la mantequilla y cocine el pollo y los espárragos en 2-3 minutos.
3. Añadir la mezcla de huevos y los tomates y mezclar. Cocinar en 4-5 minutos.
4. Retirar y espolvorear con el queso parmesano.
5. Ponga el wok bajo la parrilla y ase en 3-4 minutos. Cortar y servir.

Nutrición: Calorías 158 Carbohidratos netos 1,3 g Grasa total 9,3 g Colesterol 265 mg

Bocados de huevo revuelto del suroeste

Tiempo de preparación: 10 minutos

Tiempo de cocción: 23 minutos

Porciones: 4

Ingredientes:

- Cinco huevos
- 1/2 cucharadita de salsa de pimienta picante
- 1/3 de taza de tomates
- Tres cucharadas de chiles verdes
- Una cucharadita de pimienta negra
- 1/2 cucharadita de sal
- Dos cucharadas de leche no láctea

Direcciones:

1. Mezclar los huevos y la leche en una taza grande.
2. Añadir la salsa picante, la pimienta y la sal.
3. Poner los chiles y los tomates cortados en cubitos en vasos de silicona. Llena cada uno con 3/4 de la mezcla de huevo.
4. Poner el trébol en la olla y verter 1 taza de agua. Poner el molde sobre el trébede.
5. Poner muy alto durante 8 minutos. Enfriar antes de servir.

Nutrición: Calorías: 106 Carbohidratos: 2g Proteínas: 7,5g Grasas: 7,4g

Bocados de huevo con bacon

Tiempo de preparación: 10 minutos

Tiempo de cocción: 22 minutos

Porciones: 9

Ingredientes:

- 1 taza de queso
- 1/2 pimiento verde
- 1/2 taza de requesón
- Cuatro rebanadas de tocino
- Pimienta
- Sal
- 1 taza de cebolla roja
- 1 taza de agua
- 1/4 de taza de nata montada
- 1/4 de taza de claras de huevo
- Cuatro huevos

Direcciones:

1. Bata las claras de huevo, los huevos, la crema, el queso (cottage), el queso rallado, la pimienta y la sal en un lapso de 30 a 45 segundos en una licuadora.
2. Poner la mezcla de huevo en los mini moldes para magdalenas. Cubre cada uno con tocino, pimientos y cebolla.

3. Cubra los moldes para magdalenas firmemente con papel de aluminio. Coloca el trébol en la olla y vierte 1 taza de agua.

4. Poner las tazas en la trébede. Poner a cocer al vapor durante 12 minutos. Enfriar antes de servir.

Nutrición: Calorías: 124 Carbohidratos: 3g Proteínas: 9g Grasas: 8

Bocados de tortilla

Tiempo de preparación: 5 minutos

Tiempo de cocción: 8 minutos

Porciones: 3

Ingredientes:

- Un puñado de setas
- Cebolla verde
- Pimientos verdes
- 1/8 cucharadita de salsa picante
- Pimienta, sal, mostaza, ajo en polvo
- 1/2 taza de queso cheddar
- 1/2 taza de queso cottage
- Dos rebanadas de jamón de charcutería
- Cuatro huevos

Direcciones:

1. Batir los huevos, luego el cheddar y el requesón. Poner el jamón, las verduras y los condimentos; mezclar.
2. Vierte la mezcla en moldes de silicona engrasados. Poner el trébol con los moldes en la olla, luego llenar con 2 tazas de agua.
3. Cocer al vapor durante unos 8 minutos. Transferir, enfriar antes de servir.

Nutrición: Calorías: 260 Carbohidratos: 6g Proteínas: 22g Grasas: 16g

Bocaditos de huevo con queso cheddar y bacon

Tiempo de preparación: 10 minutos

Tiempo de cocción: 8 minutos

Porciones: 7

Ingredientes:

- 1 taza de queso cheddar fuerte
- Una cucharada de perejil en escamas
- Cuatro huevos
- Cuatro cucharadas de nata
- Salsa picante
- 1 taza de agua
- 1/2 taza de queso
- Cuatro rebanadas de tocino

Direcciones:

1. Mezclar la nata, el queso cheddar, el requesón y el huevo en la batidora; 30 segundos.
2. Incorporar los moldes de silicona para huevos engrasados con perejil.
3. Repartir el bacon desmenuzado entre ellas. Poner la masa de huevo en cada taza.
4. Con un trozo de papel de aluminio, cubra cada molde. Coloca el trébol con los moldes en la olla, y luego llénalo con 1 taza de agua.

5. Cocer al vapor durante 8 minutos. Retirar y dejar reposar 5 minutos. Servir, espolvoreado con pimienta negra, y salsa picante opcional.

Nutrición: Calorías: 167 Carbohidratos: 1,5g Proteínas: 13,5g Grasas: 11,7g

Bocaditos de huevo con aguacate y pico

Tiempo de preparación: 15 minutos

Tiempo de cocción: 10 minutos

Porciones: 7

Ingredientes:

Mordiscos de huevo:

- 1/ taza de queso cottage
- 1/2 taza de queso de mezcla mexicana
- 1/4 de taza de crema de leche
- 1/4 de cucharadita de chile en polvo
- 1/4 de cucharadita de comino
- 1/4 de cucharadita de ajo en polvo
- Cuatro huevos
- Pimienta
- Sal

Pico de Gallo:

- Un aguacate
- Un jalapeño
- 1/2 cucharadita de sal
- 1/4 de cebolla
- Dos cucharadas de cilantro
- Dos cucharaditas de zumo de lima
- 4 tomates romanos

Direcciones:

1. Mezcle toda la fijación del Pico de Gallo excepto el aguacate. Incorpore suavemente el aguacate.
2. Mezclar todos los ingredientes de los bocados de huevo en una licuadora. Poner una cucharada de Pico de Gallo en cada molde de silicona de bocados de huevo.
3. Coloque el trébol en la olla y llénelo con 1 taza de agua. Coloque los moldes en el trébede. Poner a fuego alto en 10 minutos.
4. Retirar. Servir con queso y Pico de Gallo.

Nutrición: Calorías: 118 Carbohidratos: 1g Proteínas: 7g Grasas: 9g

Tortitas de suero de leche a la plancha

Tiempo de preparación: 10 minutos

Tiempo de cocción: 15-20 minutos

Porciones: 6

Ingredientes:

- 2 tazas de harina común
- 3 cucharadas de azúcar granulado
- 2 cucharaditas de levadura en polvo
- 1 cucharadita de sal
- 1 huevo
- 1 1/2 tazas de suero de leche
- 3 cucharadas de aceite vegetal

Direcciones:

1. En un cuenco, añada la harina de uso general, el azúcar granulado, la levadura en polvo y la sal. Remover hasta que se combinen. Añadir el huevo, el suero de leche y el aceite vegetal. Bata sólo hasta que se combinen. No mezcle demasiado la masa o las tortitas quedarán duras.

2. Rocíe una plancha o una sartén grande con spray antiadherente. La temperatura de la plancha debe ser de unos 350°. Si se utiliza una sartén, colóquela a fuego medio. No añada la masa de las tortitas hasta que la plancha esté caliente. Deje caer las tortitas, a cucharadas, sobre la plancha caliente.

3. Cocinar durante 1 o 2 minutos o hasta que se formen burbujas y salgan en la parte superior de las tortitas. Dar la vuelta a las tortitas y cocinarlas durante 1 minuto o

hasta que estén doradas. Retirar las tortitas de la plancha y servirlas calientes.

Nutrición: Calorías: 367 Grasas: 15,9g Fibra: 8g Carbohidratos: 39g Proteínas: 7g

Palitos de pan con limón y parmesano

Tiempo de preparación: 20 minutos

Tiempo de cocción: 25 minutos

Porciones: 16

Ingredientes

- 1 cucharada de azúcar
- 1 (¼-ounce) paquete de levadura seca activa
- 1 taza de agua caliente
- 1 taza de cereal de salvado
- 2¼ tazas de harina común
- ½ taza de queso parmesano rallado
- 1½ cucharaditas de cáscara de limón, rallada
- 1 cucharadita de sal de ajo
- 1 cucharadita de pimienta negra
- ½ cucharadita de pimienta de cayena
- 2 cucharadas de aceite de oliva
- Harina de maíz, según sea necesario
- 1 clara de huevo, ligeramente batida

Direcciones

1. Mezclar el azúcar, la levadura y el agua caliente hasta que estén bien mezclados. Dejar reposar unos 5 minutos.

2. En un procesador de alimentos, añadir los cereales y pulsar hasta que se trituren. Añada la harina, el queso, la piel de limón, la sal de ajo, la pimienta negra y la

pimienta de cayena y pulse durante unos 10 segundos. Añada el aceite y pulse durante unos 10 segundos más. Añadir la mezcla de levadura y pulsar hasta que se forme una bola de masa. Dejar reposar en el procesador durante unos 5 minutos. De nuevo, pulse durante unos 10 segundos más.

3. Sacar la masa del procesador y colocarla en un bol. Con un envoltorio de plástico, cubra el bol y déjelo reposar durante unos 10 minutos.

4. Engrasar y precalentar el horno a 325 grados. Cortar la masa en 16 trozos de igual tamaño. Colocar los trozos de masa en una superficie espolvoreada con harina de maíz y enrollar cada uno en una cuerda fina y de 14 pulgadas de largo.

5. Coloque los palitos de pan en las bandejas para hornear preparadas en una sola capa. Unte la parte superior de cada palito de pan con la clara de huevo y déjelo reposar durante unos 15 minutos.

6. Hornear durante unos 25-35 minutos o hasta que la parte superior se dore.

7. Saque del horno y transfiera las bandejas de hornear a rejillas para que se enfríen completamente antes de servir.

Nutrición: 122 Calorías 3,5g Grasas totales 4,6g Proteínas 19,1g Carbohidratos

APERITIVO Y GUARNICIONES

Patatas de coco

Tiempo de preparación: 10 minutos

Tiempo de cocción: 35 minutos

Porciones: 8

Ingredientes:

- 5 batatas medianas, peladas y cortadas en rodajas finas
- Una pizca de sal y pimienta negra
- ¼ de cucharadita de nuez moscada molida
- 1 cucharadita de tomillo fresco picado
- 2 dientes de ajo, pelados y picados
- 2 tazas de crema de coco
- 2 cucharadas de aceite de oliva

Direcciones:

1. Calentar una sartén pequeña con el aceite a fuego medio, añadir la nata y el ajo, remover, llevar a fuego lento y cocinar durante 5 minutos. En una asadera, combinar las papas con el tomillo con sal, pimienta y la nuez moscada, revolver, rociar la mezcla de crema de coco sobre las papas y hornear tapado a 400°F por 15 minutos. Destapar la asadera, cocinar por 15 minutos más, dividir en platos y servir.

Nutrición: 340 calorías 4g de grasa 3g de fibra 20g de carbohidratos 7g de proteína

Mezcla de boniato y nueces

Tiempo de preparación: 10 minutos

Tiempo de cocción: 50 minutos

Porciones: 4

Ingredientes:

- 4 batatas, cortadas en cubos
- 1½ tazas de arándanos
- 1 cucharada de aceite de oliva virgen extra
- ½ taza de crema de coco
- Una pizca de sal y pimienta negra
- ¼ de taza de nueces, trituradas

Direcciones:

1. Disponer los cubos de patata en una bandeja de horno, añadir aceite, sal y pimienta, mezclar y hornear a 350ºF durante 40 minutos. Calentar una sartén a fuego medio, añadir los arándanos y cocinarlos durante 3-4 minutos removiendo a menudo. Añade los cubos de patata asados y el resto de los ingredientes, remueve, cocina durante 5 minutos más, reparte en los platos y sirve.

Nutrición: 223 calorías 8g de grasa 5,5g de fibra 20g de carbohidratos 5g de proteína

Calabaza asada

Tiempo de preparación: 10 minutos

Tiempo de cocción: 40 minutos

Porciones: 4

Ingredientes:

- 2 cucharadas de aceite de oliva
- Sal y pimienta negra molida, al gusto
- 8 tazas de calabaza, cortada en cubos
- 1 cucharada de pimentón dulce

Direcciones:

1. En una asadera, mezclar la calabaza con el aceite y el resto de los ingredientes, revolver, hornear a 400ºF durante 40 minutos, repartir en platos y servir.

Nutrición: 90 calorías 3g de grasa 4g de fibra 14g de carbohidratos 3g de proteína

Puré de calabaza

Tiempo de preparación: 10 minutos

Tiempo de cocción: 1 hora

Porciones: 4

Ingredientes:

- 1 calabaza, cortada por la mitad
- Sal y pimienta negra molida, al gusto
- 4 huevos, con las claras y las yemas separadas
- ½ taza de leche de coco

Direcciones:

1. Colocar las mitades de calabaza en una bandeja para hornear forrada, sal y pimienta negra, hornear a 350ºF durante 20 minutos, sacar la calabaza del horno y meter la pulpa en una licuadora. Añadir el resto de los ingredientes, mezclar bien y transferir la mezcla a una bandeja para hornear. Llevar al horno a 350ºF, hornear por 40 minutos, dividir en platos y servir.

Nutrición: 203 calorías 13g de grasa 2g de fibra 16g de carbohidratos 4g de proteína

Mezcla de arroz con coliflor y nueces

Tiempo de preparación: 10 minutos

Tiempo de cocción: 20 minutos

Porciones: 8

Ingredientes:

- 2 cabezas de coliflor, con los floretes separados
- 1 cucharada de aceite de oliva
- 1 cebolla, pelada y picada
- 4 tallos de apio picados
- 1 diente de ajo, pelado y picado
- 3 tazas de champiñones picados
- 2½ cucharaditas de salvia seca
- ½ taza de nueces picadas
- Sal y pimienta negra molida, al gusto

Direcciones:

1. Poner la coliflor en un procesador de alimentos y pulsar un poco. Calienta una sartén con el aceite a fuego medio-alto, añade el ajo, la cebolla y el apio, remueve y cocina durante 5 minutos. Añade la coliflor y el resto de los ingredientes, remueve, cocina durante 15 minutos más, reparte en los platos y sirve.

Nutrición: 120 calorías 3g de grasa 4g de fibra 4g de carbohidratos 7g de proteína

ALMUERZO

Pollo relleno de higos y queso de cabra

Tiempo de preparación: 20 minutos

Tiempo de cocción: 8 horas

Porciones: 4

Ingredientes:

- 4 pechugas de pollo de 4oz
- 4 higos
- ½ taza de queso de cabra desmenuzado
- 1 cucharadita de sal
- 1 cucharadita de pimienta negra
- Aceite de oliva virgen extra

Direcciones:

1. Combine 3 cucharadas de aceite de oliva, sal y pimienta negra en un bol, y frótelas en las pechugas de pollo. Deje marinar durante una hora.
2. Quitar la piel de los higos y cortarlos en trozos de ½". Combinar con el queso de cabra.
3. Poner la olla a fuego lento.
4. Coloque el envoltorio de plástico sobre las pechugas de pollo y golpee con un mazo hasta que cada pechuga

tenga un grosor de aproximadamente ¼" (o pida a su carnicero que lo haga).

5. Coloca una cuarta parte de la mezcla de queso en el pollo, enrolla la pechuga de pollo y colócala en la olla de cocción lenta.

6. Repita la operación con cada pechuga de pollo.

7. Cocinar a fuego lento durante 8 horas.

8. Servir con una ensalada verde.

Nutrición: Calorías 369 Carbohidratos 7 g Grasas 18 g Proteínas 46 g Sodio 811 mg

Carne Asada

Tiempo de preparación: 10 minutos

Tiempo de cocción: 8 horas

Porciones: 8

Ingredientes:

- 4 libras de asado de ternera
- 1 cebolla picada
- Cuatro limas, exprimidas
- ½ taza de cilantro picado
- Ocho dientes de ajo picados
- 2 cucharaditas de pimentón
- 2 cucharaditas de orégano
- 2 cucharaditas de comino
- 2 cucharaditas de sal
- 1 cucharadita de pimienta negra

Direcciones:

1. Enjuague la carne asada y séquela con palmaditas.
2. Combinar el resto de los ingredientes en una batidora y mezclar hasta que estén bien combinados.
3. Unte la olla de cocción lenta con aceite de oliva virgen extra y póngala a fuego alto.
4. Cubra el asado con la cobertura de cilantro.
5. Colocar en una olla de cocción lenta y cocinar durante 8 horas.
6. Servir con arroz de coliflor.

Nutrición: Calorías 506 Carbohidratos 3 g Grasas 19 g Proteínas 75 g Sodio 733 mg

Increíble Pulled Pork

Tiempo de preparación: 25 minutos

Tiempo de cocción: 8 horas

Porciones: 8

Ingredientes:

- 5 libras de paleta de cerdo
- 2 cucharadas de mostaza
- 2 tazas de puré de tomate
- 6 Dátiles Medjool, sin hueso
- ½ cucharadita de clavo de olor molido
- ½ cucharadita de canela
- 2 cucharaditas de sal
- Aceite de oliva virgen extra
- Envolturas de tortilla
- Ocho huevos
- 1 cucharada de harina de coco
- ½ cucharadita de sal

Direcciones:

1. Poner los dátiles sin hueso en una batidora, mezclar hasta que se forme una pasta, añadir el puré de tomate, la canela, la sal, la pimienta negra y mezclar. Combinar la mostaza, el puré de tomate mezclado, los clavos, la canela, la sal y mezclar.

2. Coloque la paleta de cerdo en una olla de cocción lenta, vierta la salsa en la olla de cocción lenta y cubra la paleta

de cerdo-Cocine la carne de cerdo durante 8 horas a temperatura alta.

3. Una vez que la carne de cerdo esté cocida, utilice un tenedor para desmenuzarla.

4. Para los wraps de tortilla, batir los huevos, añadir la leche y la harina y mezclar hasta que estén bien combinados.

5. Calentar 4 cucharadas de aceite en una sartén a fuego medio-alto.

6. Vierta 1/8 de la mezcla en la sartén y cocine cada lado 30 segundos.

7. Colocar la mezcla de cerdo en la tortilla de huevo y servir.

Nutrición: Calorías 777 Carbohidratos 8 g Grasas 55 g Proteínas 59 g Sodio 835 mg

Panza de cerdo braseada

Tiempo de preparación: 10 minutos

Tiempo de cocción: 4 horas

Porciones: 8

Ingredientes:

- 1 libra de panza de cerdo
- Dos cebollas medianas, cortadas en dados
- 1 cucharadita de mostaza de Dijon
- ½ taza de salsa de manzana
- 1 cucharadita de pimienta negra
- 1 cucharadita de sal

Direcciones:

1. Caliente el aceite de oliva virgen extra en la sartén, añada la cebolla y saltéela durante un minuto.
2. Coloque la cebolla en una olla de cocción lenta, añada la panza de cerdo, la salsa de manzana y cocine a fuego alto durante 4 horas.
3. Acompañar con la ensalada de coles con nueces.

Nutrición: Calorías 278 Carbohidratos 3,5 g Grasas 15 g Proteínas 26 g Sodio 1214 mg

CENA

Medallones de cerdo bajos en carbohidratos

Tiempo de preparación: 15 minutos

Tiempo de cocción: 20 minutos

Raciones: 2

Ingredientes:

- 1 libra de lomo de cerdo
- Tres chalotas medianas
- ¼ de taza de aceite

Direcciones:

1. Cortar la carne en rodajas de medio centímetro de grosor.
2. Cortar las chalotas y ponerlas en un plato.
3. Calentar el aceite en una sartén.
4. Presione cada pieza de cerdo en las chalotas por ambos lados. Las chalotas se pegarán al cerdo si se presiona con firmeza.
5. Poner las rodajas de carne, recubiertas de chalotas, en el aceite caliente y cocinar hasta que se lleven a cabo.
6. Algunas de las chalotas se quemarán durante la cocción, pero darán un sabor celestial a la carne roja.

---

7. Simplemente cocine la carne hasta que esté bien cocida.

8. Servir con verduras.

Nutrición: Calorías 519 Grasas 4 g Carbohidratos 7 g Proteínas 46 g

Carne asada al romero y rábanos blancos

Tiempo de preparación: 10 minutos

Tiempo de cocción: 60 minutos

Porciones: 8

Ingredientes:

- 3 lb. de asado de ternera deshuesado
- Dos rábanos blancos daikon
- 3 cucharadas de romero
- 2 cucharadas de sal al gusto
- 2 cucharadas de aceite de oliva

Direcciones:

1. Precalentar el horno a 400 F.
2. Unte la carne con aceite de oliva, romero y sal.
3. Poner los rábanos pelados y cortados en la base de una fuente de calentamiento.
4. Poner la carne sobre los rábanos y hornear durante una hora.
5. Cuando esté hecha, envuelva la hamburguesa en papel de aluminio y déjela reposar durante 20 minutos antes de servirla.

Nutrición: Calorías 492 Grasas 39 g Carbohidratos 4,1 g Proteínas 29

Chuletas de cerdo envueltas en tocino

Tiempo de preparación: 10 minutos

Tiempo de cocción: 30 minutos

Porciones: 4

Ingredientes:

- Paquete de 12 onzas de tocino
- De 6 a 8 chuletas de cerdo deshuesadas
- Sal y pimienta

Direcciones:

1. Precaliente su horno a 350 F
2. En un plato o en una tabla de cortar, disponga las chuletas de cerdo.
3. Envolver cada pieza de cerdo en cortes de tocino sin cocinar.
4. Coloque cada chuleta de cerdo envuelta en tocino en la bandeja para hornear.
5. Aplastar más pimienta sobre el punto más alto de la carne de cerdo ahora envuelta en tocino.
6. Caliéntelos durante 30 minutos, dándoles la vuelta a los 15 minutos. Servir rápidamente y apreciar!

Nutrición: Calorías 350 Grasas 2,8 g Carbohidratos 2,4 g Proteínas 8 g

Pollo al romero con salsa de aguacate

Tiempo de preparación: 4 minutos

Tiempo de cocción: 18 minutos

Porciones: 4

Ingredientes:

- 1 aguacate sin hueso
- ½ taza de mayonesa
- 3 cucharadas de ghee
- Cuatro pechugas de pollo
- Sal y pimienta negra al gusto
- 1 taza de romero picado
- ½ taza de caldo de pollo

Direcciones:

1. Poner el aguacate, la mayonesa y la sal en un procesador de alimentos y hacer un puré hasta obtener una salsa suave. Sazone al gusto con sal. Vierta la salsa en un frasco y refrigere.
2. Derretir el ghee en una sartén grande, sazonar el pollo con sal y pimienta negra y freírlo durante 4 minutos por cada lado hasta que se dore. Retirar el pollo a un plato.
3. Vierta el caldo en la misma sartén y añada el cilantro. Deje que hierva a fuego lento durante 3 minutos y añada el pollo.
4. Tapa y cocina a fuego lento durante 5 minutos hasta que el líquido se haya reducido. Colocar el pollo sólo en los platos de servir y echar por encima la salsa de mayonesa y aguacate. Servir caliente con judías verdes con mantequilla y zanahorias pequeñas.

Nutrición: Calorías 398 Grasas 32 g Carbohidratos 4 g Proteínas 24g

Nuggets de pollo crujientes

Tiempo de preparación: 5 minutos

Tiempo de cocción: 20 minutos

Porciones: 4

Ingredientes:

- 2 cucharadas de aderezo ranchero
- ½ taza de harina de almendra
- 1 huevo
- 2 cucharadas de ajo en polvo
- Cuatro pechugas de pollo, cortadas en cubos
- Sal y pimienta negra al gusto
- 1 cucharada de mantequilla derretida

Direcciones:

1. Precalentar el horno a 400 F, luego engrasar una fuente de horno con la mantequilla.
2. En un bol, combinar la sal, el ajo en polvo, la harina y la pimienta, y remover. En otro bol, bata el huevo.
3. Añade el pollo a la mezcla de huevo y luego pásalo por la mezcla de harina. Hornear durante 18-20 minutos, dándole la vuelta a la mitad. Retirar a toallas de papel, escurrir el exceso de grasa y servir con aderezo ranchero.

Nutrición: Calorías 473 Grasas 31 g Carbohidratos 7,6 g Proteínas 43 g

Pollo gratinado con calabacines y pimientos

Tiempo de preparación: 5 minutos

Tiempo de cocción: 40 minutos

Porciones: 5

Ingredientes:

- Un pimiento rojo en rodajas
- 1 calabacín picado
- Sal y pimienta negra al gusto
- 1 cucharadita de ajo en polvo
- 1 cucharada de aceite de oliva
- Cinco pechugas de pollo, sin piel y sin hueso, cortadas en rodajas
- 1 tomate picado
- ½ cucharadita de orégano seco
- ½ cucharadita de albahaca seca
- ½ taza de queso mozzarella rallado

Direcciones:

1. Cubrir el pollo con sal, pimienta negra y ajo en polvo. Caliente el aceite de oliva en una sartén a fuego medio y añada las rodajas de pollo. Cocinar hasta que se doren y retirar a una fuente de horno.
2. En la misma sartén, agregue el calabacín, el tomate, el pimiento, la albahaca, el orégano y la sal, cocine durante 2 minutos y distribuya sobre el pollo. Hornee en el horno a 360 F durante 20 minutos.

3. Espolvoree la mozzarella sobre el pollo, vuelva a meterlo en el horno y hornéelo durante 5 minutos más hasta que el queso se derrita y burbujee.

Nutrición: Calorías 467 Grasas 23,5 g Carbohidratos 6,2 g Proteínas 45,7 g

Pollo al coco con salsa de espárragos cremosa

Tiempo de preparación: 5 minutos

Tiempo de cocción: 25 minutos

Porciones: 4

Ingredientes:

- 2 cucharadas de mantequilla
- Muslos de pollo de 1 libra
- 2 cucharadas de aceite de coco
- 2 cucharadas de harina de coco
- 2 tazas de espárragos picados
- 1 cucharadita de orégano
- 1 taza de crema de leche
- 1 taza de caldo de pollo

Direcciones:

1. Calentar una sartén a fuego medio
2. Añadir el aceite de coco para que se derrita. Dorar el pollo por todos los lados, aproximadamente 6-8 minutos. Reservar.
3. Derretir la mantequilla e incorporar la harina a fuego medio. Añadir la nata y el caldo de pollo y llevar a ebullición. Añada el orégano.
4. Añadir los espárragos a la sartén y cocinarlos durante 10 minutos hasta que estén tiernos. Pasar a un procesador

de alimentos y pulsar hasta que esté suave. Sazone con sal y pimienta. Vuelva a la sartén y añada el pollo; cocine durante 5 minutos y sirva.

Nutrición: Calorías 451 Grasas 36,7 g Carbohidratos 3,2 g Proteínas 18,5 g

Chuletas de cerdo a las hierbas con salsa de arándanos

Tiempo de preparación: 5 minutos

Tiempo de cocción: 2 horas y 40 minutos

Raciones: 2

Ingredientes:

- Cuatro chuletas de cerdo
- ½ cucharadita de ajo en polvo
- Sal y pimienta negra al gusto
- 1 cucharadita de albahaca fresca picada
- Un chorrito de aceite de oliva
- ½ cebolla picada
- ½ taza de vino blanco
- Zumo de ½ limón
- 1 hoja de laurel
- 1 taza de caldo de pollo
- Perejil fresco, picado, para servir
- 1 taza de arándanos
- ½ cucharadita de romero fresco picado
- ½ taza de xilitol
- ½ taza de agua
- ½ cucharadita de pasta de harissa salsa sriracha

Direcciones:

1. Precalentar el horno a 360 F.

2. En un bol, combina las chuletas de cerdo con la albahaca, la sal, el ajo en polvo y la pimienta negra. Calentar una sartén con un chorrito de aceite a fuego medio, poner la carne de cerdo y cocinarla hasta que se dore, unos 4-5 minutos; reservar.

3. Incorpore la cebolla y cocine durante 2 minutos.

4. A continuación, hay que añadir la hoja de laurel y el vino y cocinar durante 4 minutos.

5. Verter el zumo de limón y el caldo de pollo y cocer a fuego lento durante 5 minutos.

6. Vuelve a poner la carne de cerdo y cocínala durante 10 minutos. Tapar la olla y meterla en el horno durante 2 horas.

7. Ponga una cacerola a fuego medio-alto, añada los arándanos, el romero, la salsa sriracha, el agua y el xilitol, y déjelo cocer a fuego lento durante 15 minutos.

8. Retirar las chuletas del horno y desechar la hoja de laurel. Vierta la salsa sobre el cerdo y sírvalo espolvoreado con perejil.

Nutrición: Calorías 450 Grasas 23,5 g Carbohidratos 7,3 g Proteínas 42 g

Chuletas de cerdo con salsa de tomate y albahaca

Tiempo de preparación: 10 minutos

Tiempo de cocción: 40 minutos

Porciones: 4

Ingredientes:

- Cuatro chuletas de cerdo
- ½ cucharada de albahaca fresca picada
- 1 diente de ajo picado
- 1 cucharada de aceite de oliva
- 7 oz. de tomates enlatados en cubos
- ½ cucharada de pasta de tomate
- Sal y pimienta negra al gusto
- ½ chile rojo, finamente picado

Direcciones:

1. Sazonar la carne de cerdo con pimienta negra y sal. Poner una sartén a fuego medio y calentar el aceite, poner las chuletas de cerdo, cocinarlas durante 3 minutos, darles la vuelta y cocinarlas otros 3 minutos; retirarlas a una fuente. Añadir el ajo y cocinar durante 30 segundos.

2. Incorpore la pasta de tomate, los tomates y el chile; lleve a ebullición y reduzca el fuego a medio-bajo. Introduzca las chuletas de cerdo, tape la sartén y cocine a fuego

lento durante 30 minutos. Retire las chuletas de cerdo a los platos y espolvoree con orégano fresco para servir.

Nutrición: Calorías 425 Grasas 25 g Carbohidratos 2,5 g Proteínas 39 g

Carne de cerdo con cítricos, col salteada y tomates

Tiempo de preparación: 7 minutos

Tiempo de cocción: 20 minutos

Porciones: 4

Ingredientes:

- 3 cucharadas de aceite de oliva
- 2 cucharadas de zumo de limón
- 1 diente de ajo, triturado
- Cuatro chuletas de lomo de cerdo
- 1/3 de cabeza de col, rallada
- 1 tomate picado
- 1 cucharada de vino blanco
- Sal y pimienta negra al gusto
- ¼ cucharadita de comino
- ¼ cucharadita de nuez moscada molida
- 1 cucharada de perejil

Direcciones:

1. En un bol, mezcle el zumo de limón, el ajo, la sal, la pimienta y el aceite de oliva. Unte la carne de cerdo con la mezcla.
2. Precaliente la parrilla a fuego alto. Ase la carne de cerdo de 2 a 3 minutos por cada lado hasta que esté bien cocida.

Retirar a los platos para servir. Caliente el aceite de oliva restante en una sartén y cocine la col durante 5 minutos.

3. Rociar con vino blanco, espolvorear con comino, nuez moscada, sal y pimienta. Añade los tomates y cocina otros 5 minutos, removiendo de vez en cuando.

4. Colocar el repollo salteado al lado de las chuletas y servirlo espolvoreado con perejil.

Nutrición: Calorías 565 Grasas 36,7 g Carbohidratos 6,1 g Proteínas 43 g

SOPA Y GUISADOS

Sopa de brócoli

Tiempo de preparación: 10 minutos

Tiempo de cocción: 35 minutos

Porciones: 4

Ingredientes:

- 1 cucharada de aceite de oliva
- 1 cebolla blanca mediana, picada
- 2 dientes de ajo picado
- 3 tazas de caldo de pollo (bajo en sodio)
- 1 libra de brócoli fresco picado
- 1 puerro mediano, cortado en rodajas (sólo las partes blancas y verdes claras)
- Sal y pimienta
- 1 taza de leche de coco en lata

Direcciones:

1. Calentar el aceite en una cacerola grande a fuego medio-alto. Añada las cebollas y cocínelas durante 4 o 5 minutos hasta que estén transparentes. Incorpore el ajo y cocine durante 1 minuto más.

2. Añade el caldo, el brócoli y los puerros y salpimienta. Llevar a ebullición y reducir el fuego y cocer a fuego lento durante 20 minutos hasta que el brócoli esté muy tierno. Apagar el fuego y hacer un puré con una batidora de inmersión. Añada la leche de coco y rectifique la sazón al gusto. Servir caliente.

Nutrición: 210 calorías 19g de carbohidratos 13g de grasas 4g de proteínas

Sopa de tortilla de pollo

Tiempo de preparación: 20 minutos

Tiempo de cocción: 25 minutos

Porciones: 8

Ingredientes:

- 2 latas de judías negras
- 1 lata de maíz
- 1-2 C de pechuga de pollo desmenuzada
- 2 latas de tomates y chiles verdes
- Ajo
- Pimienta negra
- Comino
- Chili en polvo
- Caldo de pollo
- Chips de tortilla
- Guarnición de aguacate
- Guarnición de crema agria
- Guarnición de queso

Direcciones:

1. A la olla del caldo agregue los frijoles negros, el maíz y la taza de pollo reservada. Tape y cocine a fuego lento en la posición más baja durante una hora, revolviendo ocasionalmente. Servir con chips de tortilla y guarnición de aguacate, queso y crema agria.

Nutrición: 260 calorías 4g de grasas 5,9g de fibra

Sopa de patatas y salchichas italianas

Tiempo de preparación: 25 minutos

Tiempo de cocción: 35 minutos

Porciones: 8

Ingredientes:

- Lb. Salchicha italiana molida
- 8 patatas Yukon Gold medianas
- 6 C de col rizada fresca picada
- 1 cebolla amarilla grande
- 4 dientes de ajo
- 1 CUCHARADA. Pimienta negra
- 1 CUCHARADA. Sal
- 4 CUCHARADAS. Orégano seco
- 1 CUCHARADA. Ajo en polvo
- 1 CUCHARADA. Cebolla en polvo
- 1 cucharadita de nuez moscada
- C mitad y mitad
- 8 C de caldo de pollo bajo en sodio
- Agua C
- CUCHARADAS. Aceite de oliva

Direcciones:

1   Lavar todas las verduras y secarlas. Cortar las patatas en rodajas de ¼ de pulgada, sin pelarlas. Picar la col rizada. Picar el ajo. Picar la cebolla. En una olla grande calienta el aceite de oliva y dora la salchicha. Añadir las patatas

y salpimentar. Cocine cinco minutos y luego agregue el ajo, la cebolla y todos sus condimentos. Sude el ajo y la cebolla 5 minutos y luego añada el caldo, el agua y la mitad y la mitad. Revolviendo constantemente, lleve a un hervor lento. Reduzca el fuego a bajo y tape. Cocer a fuego lento 20 minutos y añadir la col rizada. Cocer a fuego lento 30 minutos removiendo con frecuencia.

Nutrición: 260 calorías 6g de grasas 3g de fibra

Sopa de carne y cebada

Tiempo de preparación: 25 minutos

Tiempo de cocción: 35 minutos

Porciones: 8

Ingredientes:

- 8 C de caldo de carne
- Agua C
- 1.5 Lb. Solomillo grande molido
- 1 cebolla amarilla mediana
- Zanahorias grandes
- 1 C de cebada orgánica entera
- Dientes de ajo enteros
- 2 cucharaditas de pimienta negra
- 2 cucharaditas de sal
- 2 cucharaditas de ablandador de carne Adolf's
- 1 cucharadita de ajo en polvo
- 1 cucharada de cebolla en polvo
- 2 cucharadas de copos de cebolla seca
- ¼ C de aceite de oliva

Direcciones:

1   Ablande la carne con un buen golpe o con algún ablandador de carne.
2   Lavar y cortar todas las verduras en rodajas. En una olla grande calentar el aceite de oliva y añadir las verduras, sudando durante aproximadamente 7-9 minutos a fuego

medio-bajo. Añade la carne y dórala pero no la cocines del todo. Añadir el caldo y tapar.

3   Cocer a fuego lento y medio durante unos 20 minutos. Añadir el agua y la cebada y subir el fuego a alto. Cocinar sin tapar durante 15 minutos y luego reducir el fuego a bajo y tapar. Cocer a fuego lento durante 20 minutos removiendo de vez en cuando.

4   Durante los últimos cinco minutos, cocine a fuego lento sin tapar. Servir con un buen pan francés crujiente y caliente.

Nutrición: 250 calorías 6g de grasas 3g de fibra

Sopa de tacos

Tiempo de preparación: 25 minutos

Tiempo de cocción: 35 minutos

Porciones: 8

Ingredientes:

- 1 Lb. Carne molida
- 1 bloque de Velveeta mexicano
- 1 lata de leche evaporada
- 1 caja de sopa de fideos (ambos paquetes)
- 10 C Caldo de pollo o agua
- Lata Chiles verdes y tomates
- 1 cucharada de comino
- 1 cucharada de pimienta negra
- 1 cucharadita de sal
- 1 cucharada de ajo en polvo
- Chips de tortilla (para decorar)

Direcciones:

1. En una olla grande, dore la carne molida con todos los condimentos y un poco de caldo o agua para que se mezcle bien. Agregue las dos latas de chiles verdes y los tomates. Cocine a fuego lento durante 5 minutos. Corte el Velveeta en cubos.
2. Añada el caldo y la leche a la olla y luego añada los cubos de queso. Revuelva con frecuencia. Sirve con totopos.

Nos encanta esta sopa con pan de peperoni! (receta anterior)

Nutrición: 249 calorías 3g de grasas 6g de fibra

Gumbo de pollo y salchichas

Tiempo de preparación: 30 minutos

Tiempo de cocción: 45 minutos

Porciones: 8

Ingredientes:

- Pechugas de pollo sin piel y sin hueso
- 1 Lb. Salchicha Andouille
- 10 C de caldo de pollo o de verduras
- Zanahorias grandes
- Tallos de apio
- 1 cebolla amarilla mediana
- Hojas de laurel frescas
- ¼ C Aceite de oliva o vegetal
- 2 cucharadas de condimento Old Bay
- 1 cucharada de condimento cajún
- 2 cucharadas de salsa picante Louisiana o Tabasco
- 1 cucharadita de sal
- 1 cucharada de ajo en polvo
- 1 cucharada de cebolla en polvo
- 1 cucharada de copos de cebolla

- 1 cucharada de temporada de aves de corral
- 1 cucharada de perejil seco
- Harina TBSP+
- 1 C de arroz blanco integral

Direcciones:

1. Lavar y cortar en dados todas las verduras y reservarlas. Corta el pollo y la salchicha en trozos del tamaño de un bocado. En una olla grande calienta el aceite a fuego medio y añade las carnes. Dorar ligeramente por ambos lados y luego añadir todas las verduras y los condimentos y hierbas. Espolvorear la harina en el fondo de la olla y con una cuchara o espátula de madera, mientras se raspa el fondo de la olla, hacer un roux espeso y pastoso. Dore el roux hasta alcanzar el color que desea para su gumbo. A continuación, añada gradualmente 2 tazas de caldo y remueva para mezclar bien hasta que tenga una salsa espesa. Cocine a fuego lento durante 10 minutos.

2. Subir el fuego y añadir el resto del caldo y el arroz. Cocine a fuego lento durante 30 minutos. Servir con una guarnición de arroz blanco o pan de maíz.

VERDURAS

Ensalada de verduras asiáticas con quinoa

Tiempo de preparación: 15 minutos

Tiempo de cocción: 5 minutos

Raciones: 2

Ingredientes:

- 1 taza de col roja picada
- 1/2 taza de zanahorias ralladas
- 1 pimiento rojo picado
- 1 taza de pepino cortado en dados
- Taza de cáscara de edamame sin cáscara y cocida
- 1/4 de cucharadita de sal
- tazas de agua
- 1 taza de quinoa
- Para el aderezo:
- 1 cucharada de aceite de sésamo
- 1/4 de taza de salsa de soja
- cucharada de vinagre de vino de arroz
- 1/4 de taza de cilantro picado
- cucharadas de cebolla verde picada
- 1/4 de cucharadita de jengibre rallado
- 1 cucharada de semillas de sésamo

- Sal y pimienta negra, al gusto
- 1/8 cucharadita de copos de pimienta roja

Direcciones:

1   Vierta el agua en una cacerola mediana, añada la sal y la quinoa y llévela a ebullición. Una vez que la quinoa haya hervido durante unos 6 minutos, baja el fuego y cuece a fuego lento hasta que se haya absorbido el agua (esto puede tardar entre 14 y 16 minutos). Coloca la quinoa en un bol grande y añade el pepino, las zanahorias, el pimiento rojo, el edamame y la col. Mezcla suavemente y reserva. Prepara el aliño mezclando el aceite de sésamo, la salsa de soja, el vinagre de vino de arroz, el cilantro, las cebollas verdes, el jengibre, las semillas de sésamo, los copos de pimienta roja, la pimienta y la sal. Mezclar suavemente el aderezo con la ensalada de quinoa y combinar todo bien. Servir a temperatura ambiente o fría.

Nutrición: 105 calorías 3g de fibra 12g de grasas

Ensalada de calabacín y de barritas

Tiempo de preparación: 10 minutos

Tiempo de cocción: 15 minutos

Porción: 2

Ingredientes:

- oz de cebada perlada
- 1 cucharada de aceite de oliva
- 3,5 oz de tomates secos
- 1 cebolla roja pequeña
- 10,5 oz de brócoli cortado en trozos medianos
- 1 cucharada de alcaparras pequeñas
- 14 aceitunas negras sin hueso
- cucharada de semillas de calabaza
- 1 oz paquete de albahaca
- 1 calabaza
- Para el aderezo:
- cucharada de aceite de oliva virgen extra
- cucharada de vinagre balsámico
- 1 diente de ajo machacado o rallado
- 1 cucharada de mostaza de Dijon

Direcciones:

1   Precalentar el horno a 400 grados. Tome una bandeja para hornear y coloque la calabaza en ella, unte el aceite de oliva sobre la calabaza y revuelva. Asar la calabaza durante unos 20 minutos. Mientras tanto, cocine la

cebada hirviéndola en agua con sal hasta que esté tierna pero aún firme (durante unos 28 minutos). Preparar el aliño batiendo todos los ingredientes en un bol pequeño y salpimentándolo al gusto. Cuando la cebada esté lista, escúrrala y póngala en una ensaladera o bandeja bonita. Vierte el aliño por encima, mézclalo bien y resérvalo para que se enfríe. Escaldar el brócoli en agua hirviendo con sal hasta que esté tierno, enjuagarlo en agua fría, escurrirlo bien y luego añadirlo a la cebada; mezclar bien. Añadir la calabaza asada, los tomates secos, la albahaca, la cebolla cortada, las alcaparras, las aceitunas negras, las semillas de calabaza y la albahaca; mezclar todo bien. Servir caliente o frío.

Nutrición: 114 calorías 14g de grasas 3g de fibra

Ensalada de pasta y verduras a la parrilla

Tiempo de preparación: 15 minutos

Tiempo de cocción: 10 minutos

Porción: 2

Ingredientes:

- bulbos pequeños de hinojo
- 1/4 de taza de hojas de hinojo picadas
- 1 cabeza pequeña de achicoria
- pimientos pequeños sin semillas y cortados por la mitad
- Sal Kosher y pimienta recién molida
- 1/2 taza de aceite de oliva virgen extra
- 8 onzas de orecchiette
- cucharadas de perejil fresco picado
- 1 lata de 15 onzas de alubias cannellini
- onzas de queso parmesano
- Zumo de 1 limón

Direcciones:

1 Prepara la parrilla o la sartén para asar, precaliéntala a fuego medio-alto. Mezcla las cuñas de hinojo, la achicoria y los pimientos con ¼ de taza de aceite de oliva en un bol grande y luego sazónalo con pimienta y sal. Coloca las verduras en la parrilla y dales la vuelta de vez en cuando hasta que estén crujientes, tiernas y carbonizadas. Los pimientos y la achicoria deberían tardar unos 4 minutos y el hinojo unos 6 minutos. Retirar

las verduras de la parrilla, dejarlas enfriar y cortarlas en trozos pequeños. Cocer la pasta en una olla grande de agua hirviendo con sal (cocer unos 2 minutos menos de lo que indica la etiqueta, debe estar al dente) Escurrir y enjuagar la pasta bajo agua fría, escurrir de nuevo y poner la pasta en un bol de servir. Añadir las judías cannellini, las verduras asadas, el zumo de limón, el ¼ de taza de aceite de oliva restante, el perejil, la pimienta al gusto y la sal; mezclar. Añade las hojas de hinojo y las virutas de parmesano, e incorpóralas con cuidado a la ensalada y sírvela.

Nutrición: 120 calorías 13g de grasas 2g de fibra

Ensalada rústica de patatas y huevos

Tiempo de preparación: 10 minutos

Tiempo de cocción: 10 minutos

Porción: 2

Ingredientes:

- torreznos de tocino
- huevos
- 12 patatas colibanas pequeñas 3
- 0g de pepinillos escurridos
- chalotas verdes
- 1/4 de taza sin apretar
- eneldo fresco
- diente de ajo pequeño
- 40g de crema agria
- 60 g de mayonesa de buena calidad
- Sal y pimienta negra recién molida
- cucharadas de alcaparras finamente picadas

Direcciones:

1 Hervir las patatas sin tapar hasta que estén tiernas en agua con sal en una cacerola grande, lo que debería llevar unos 10 minutos. (Para comprobar si las patatas están listas, pínchelas con una brocheta). Cuando las patatas estén listas, escúrralas y déjelas enfriar durante unos 20 o 30 minutos. Corta las patatas en mitades y colócalas en una ensaladera grande. Hervir los huevos

sin tapar durante unos 12 minutos (de dureza media), escurrirlos y pasarlos por agua fría. Pelarlos y reservarlos. Poner una sartén antiadherente a fuego alto y, cuando esté caliente, echar el bacon y cocinarlo hasta que esté crujiente. Retirar del fuego y colocar el bacon sobre papel de cocina. Ponga la crema agria, la mayonesa y el ajo en un bol pequeño y bátalo todo. Añadir las alcaparras, las chalotas verdes, el eneldo y el pepinillo a la ensaladera con las patatas; mezclar un poco y luego añadir la salsa de crema agria y volver a mezclar todo bien. Añade el bacon y un poco de sal y pimienta y vuelve a mezclar. Cortar los huevos en cuartos y colocarlos encima de la ensalada de patatas, salpimentar y servir.

Nutrición: 118 calorías 2g de proteínas 10g de grasas

Ensalada de verduras asadas y frescas

Tiempo de preparación: 10 minutos

Tiempo de cocción: 20 minutos

Raciones: 2

Ingredientes:

- remolachas medianas
- zanahorias medianas
- 1calabacín
- 1 guante de ajo machacado
- 1 cebolla mediana en rodajas
- Aceite de oliva
- 1 cucharadita de limón recién exprimido
- 1 cucharada de mantequilla
- 1 cucharadita de vinagre de vino tinto
- Tomillo
- Sal y pimienta
- ½ taza de queso de cabra
- 1 lechuga pequeña

Direcciones:

1 Utiliza un cuchillo muy afilado para cortar la parte superior de las remolachas. A continuación, pélalas (o restriega la cáscara) y córtalas en bastoncitos finos, como si fueran patatas fritas (es conveniente utilizar guantes transparentes o de látex para no mancharse las manos). Corta la parte superior de las zanahorias y pélalas;

córtalas también en bastoncitos finos. Corta la parte superior de los calabacines y córtalos a lo largo en 3 trozos iguales y luego corta cada trozo en cuartos. Cubrir una bandeja de horno con un trozo grande de papel de aluminio y extender las remolachas, las zanahorias y los calabacines sobre ella. Rocía el aceite de oliva y el ajo machacado por encima (puede que tengas que repartir/mover las verduras para que todas tengan un pequeño matiz de ajo). Rocíe la cucharadita de zumo de limón sobre las verduras y sazone con sal, pimienta y tomillo. Precalentar el horno a 450 grados y asar las verduras (unos 30 minutos o hasta que estén tiernas). A continuación, retírelas del horno y póngalas a enfriar. Poner una sartén pequeña a fuego medio y derretir la 1 cucharada de mantequilla, añadir las rodajas de cebolla y saltearlas hasta que se doren y luego sazonarlas con un poco de sal y pimienta y la cucharadita de vinagre. Retirar del fuego. Lavar y secar la lechuga y desmenuzarla en una bonita ensaladera, aliñar la lechuga con un chorrito de aceite de oliva y un chorrito de vinagre de vino tinto. Cubrir la lechuga con las verduras asadas y mezclar, luego añadir las cebollas salteadas y el queso de cabra; servir.

Nutrición: 115 calorías 13g de grasas 1g de proteínas

Ensalada de fresas, almendras y lechuga

Tiempo de preparación: 10 minutos

Tiempo de cocción: 10 minutos

Raciones: 2

Ingredientes:

- 1 cebolla Bermuda
- medio litro de fresas frescas
- Queso feta al gusto
- manojos de espinacas frescas
- lechuga romana
- ½ taza de almendras picadas
- Para la salsa:
- cucharadas de semillas de amapola
- 1/3 de taza de mayonesa
- 1/3 de taza de crema agria
- 1/4 de taza de azúcar blanco
- cucharadas de vinagre de vino blanco
- Sal y pimienta al gusto

Direcciones:

1 Combine las espinacas, la lechuga romana, las cebollas en rodajas, las almendras y las fresas en un bol grande Coja un bol pequeño y combine la crema agria, la mayonesa, las semillas de amapola, el azúcar y el vinagre y bata bien, también podría verterlo en un tarro con tapa hermética y agitarlo de un lado a otro. Pruebe

y, si es necesario, añada sal o pimienta. Vierta la salsa sobre la ensalada y revuelva hasta que esté bien combinada.

Nutrición: 119 calorías 15g de carbohidratos 3g de fibra

MERIENDA Y POSTRES

Almendras con especias al curry

Tiempo de preparación: 5 minutos

Tiempo de cocción: 25 minutos

Porciones: 4

Ingredientes:

- 1 taza de almendras enteras
- Dos cucharaditas de aceite de oliva
- 1 cucharadita de curry en polvo
- ¼ de cucharadita de sal
- ¼ de cucharadita de cúrcuma molida
- Una pizca de cayena

Direcciones:

1. Precalentar el horno a 300 F
2. En un bol, bata las especias y el aceite de oliva.
3. Añada las almendras y extiéndalas en la bandeja del horno.
4. Hornear durante 25 minutos hasta que se tueste, luego enfriar y guardar en un recipiente hermético.

Nutrición: Calorías 155 Grasas 14g Proteínas 5g Carbohidratos netos 2g

---

Bocaditos de mantequilla de cacahuete con chía

Tiempo de preparación: 10 minutos

Tiempo de cocción: 10 minutos

Porciones: 6

Ingredientes:

- ½ onza de almendras crudas
- Una cucharada de eritritol en polvo
- Cuatro cucharaditas de aceite de coco
- Dos cucharadas de leche de coco en lata
- ½ cucharadita de extracto de vainilla
- Dos cucharadas de semillas de chía, molidas hasta convertirlas en polvo
- ¼ de taza de crema de coco

Direcciones:

1. Poner las almendras en una sartén a fuego medio-bajo, y cocinarlas hasta que se tuesten. Tarda unos 5 minutos.
2. Pasar las almendras a un procesador de alimentos con el eritritol y una cucharadita de aceite de coco.
3. Mezclar hasta que se forme una mantequilla de almendras suave.
4. Calentar el resto del aceite de coco en una sartén a fuego medio.

5. Añadir la leche de coco y la vainilla y llevar a fuego lento.

6. Incorporar las semillas de chía molidas, la crema de coco y la mantequilla de almendras.

7. Cocinar durante 2 minutos y luego extender en una fuente cuadrada forrada con papel de aluminio.

8. Enfriar hasta que la mezcla esté firme, luego cortar en cuadrados para servir.

Nutrición: Calorías 110 Grasas 8g Proteínas 2g Carbohidratos netos 7g

Salsa de salchicha con queso

Tiempo de preparación: 10 minutos

Tiempo de cocción: 2 horas

Porciones: 12

Ingredientes:

- ½ libra de salchicha italiana molida
- ½ taza de tomates picados
- Dos cebollas verdes, cortadas en rodajas finas
- 4 onzas de queso crema, cortado en cubos
- 4 onzas de queso pepper jack, cortado en cubos
- 1 taza de crema agria

Direcciones:

1. Dore la salchicha en una sartén, espere a que se cocine por completo y añada los tomates.
2. Cocine durante 2 minutos, revolviendo a menudo, y luego agregue las cebollas verdes.
3. Forre el fondo de una olla de cocción lenta con los quesos y luego coloque la mezcla de salchichas encima.
4. Vierta la crema agria sobre las salchichas, luego tape y cocine a fuego alto durante 2 horas, revolviendo una vez a la mitad.
5. Servir con palitos de apio o cortezas de cerdo para mojar.

Nutrición: Calorías 170 Grasas 15g Proteínas 7g Carbohidratos netos 2g

Chips de col salada

Tiempo de preparación: 10 minutos

Tiempo de cocción: 12 minutos

Raciones: 2

Ingredientes:

- ½ manojo de col rizada fresca
- 1 cucharada de aceite de oliva
- Sal y pimienta al gusto

Direcciones:

1. Precalentar el horno a 350 F y forrar una bandeja para hornear con papel de aluminio.
2. Quitar los tallos gruesos de la col rizada y luego romper las hojas en trozos.
3. Mezcle la col rizada con aceite de oliva y extiéndala en la bandeja del horno.
4. Hornee de 10 a 12 minutos hasta que estén crujientes, y espolvoree con sal y pimienta.

Nutrición: Calorías 75 Grasas 7g Proteínas 1g Carbohidratos netos 3g

Pan rápido de jalapeño y bacon

Tiempo de preparación: 20 minutos

Tiempo de cocción: 45 minutos

Porciones: 10

Ingredientes:

- Cuatro rebanadas de tocino de corte grueso
- Tres chiles jalapeños
- ½ taza de harina de coco tamizada
- ½ cucharadita de bicarbonato de sodio
- ½ cucharadita de sal
- Seis huevos grandes, batidos
- ½ taza de aceite de coco derretido
- ¼ de taza de agua

Direcciones:

1. Precalentar el horno a 400 F
2. Engrasar un molde para pan con spray de cocina.
3. Extienda el tocino y los jalapeños en una bandeja para hornear y ase durante 10 minutos, removiendo a mitad de camino.
4. Desmenuza el bacon y corta los jalapeños por la mitad para quitarles las semillas.
5. Combine el tocino y el jalapeño en un procesador de alimentos y pulse hasta que esté bien picado.
6. Batir en un bol la harina de coco, el bicarbonato y la sal.

---

7. Añada los huevos, el aceite de coco y el agua, y luego incorpore el tocino y los jalapeños.

8. Extiéndalo en el molde y hornéelo de 40 a 45 minutos hasta que al insertar un cuchillo en el centro éste salga limpio.

Nutrición: Calorías 225 Grasas 19g Proteínas 8g Carbohidratos netos 3g

Semillas de calabaza tostadas

Tiempo de preparación: 5 minutos

Tiempo de cocción: 5 minutos

Raciones: 2

Ingredientes:

- ½ taza de semillas de calabaza descascarilladas
- Dos cucharaditas de aceite de coco
- Dos cucharaditas de chile en polvo
- ½ cucharadita de sal

Direcciones:

1. Calentar una sartén de hierro fundido a fuego medio.
2. Añadir las semillas de calabaza y dejarlas cocer hasta que se tuesten, entre 3 y 5 minutos, removiendo a menudo.
3. Retirar del fuego y añadir el aceite de coco, el chile en polvo y la sal.
4. Deje que las semillas se enfríen y guárdelas en un recipiente hermético.

Nutrición: Calorías 100 Grasas 8,5g Proteínas 5,5g Carbohidratos netos 0,5g

Bocados de hamburguesa envueltos en bacon

Tiempo de preparación: 5 minutos

Tiempo de cocción: 60 minutos

Porciones: 6

Ingredientes:

- 6 onzas de carne molida (80% de carne magra)
- ¼ de cucharadita de cebolla en polvo
- ¼ de cucharadita de ajo en polvo
- ¼ de cucharadita de comino molido
- Sal y pimienta al gusto
- Seis rebanadas de tocino, sin cocer

Direcciones:

1. Precalentar el horno a 350 F
2. Combine la cebolla en polvo, el ajo en polvo, el comino, la sal y la pimienta en un bol.
3. Añade la carne y remueve hasta que esté bien combinada.
4. Dividir la mezcla de carne picada en seis porciones uniformes y formar bolas con ellas.
5. Envuelve cada bola con una loncha de bacon y colócala en la bandeja del horno.
6. Hornee durante 60 minutos hasta que el tocino esté crujiente y la carne esté bien cocida.

Nutrición: Calorías 150 Grasas 10g Proteínas 16g Carbohidratos netos 0,5g

Galletas de almendra y sésamo

Tiempo de preparación: 10 minutos

Tiempo de cocción: 15 minutos

Porciones: 6

Ingredientes:

- 1 ½ tazas de harina de almendra
- ½ taza de semillas de sésamo
- 1 cucharadita de orégano seco
- ½ cucharadita de sal
- 1 huevo grande, batido
- Una cucharada de aceite de coco derretido

Direcciones:

1. Precalentar el horno a 350 F
2. Bata en un bol la harina de almendras, las semillas de sésamo, el orégano y la sal.
3. Añadir los huevos y el aceite de coco, removiendo hasta conseguir una masa suave.
4. Coloque la masa entre dos hojas de pergamino y extiéndala con un rodillo hasta alcanzar un grosor de 1/8.
5. Cortar en cuadrados y disponerlos en la bandeja de horno.
6. Hornear de 10 a 12 minutos o esperar a que se doren los bordes.

Nutrición: Calorías 145 Grasas 12,5g Proteínas 5g Carbohidratos netos 2g

Dip de queso de coliflor

Tiempo de preparación: 5 minutos

Tiempo de cocción: 15 minutos

Porciones: 6

Ingredientes:

- Una cabeza pequeña de coliflor, picada
- ¾ de taza de caldo de pollo
- ¼ de cucharadita de comino molido
- ¼ de cucharadita de chile en polvo
- ¼ de cucharadita de ajo en polvo
- Sal y pimienta al gusto
- 1/3 de taza de queso crema, picado
- Dos cucharadas de leche de coco en lata

Direcciones:

1. Combine la coliflor y el caldo de pollo en una cacerola y cocine a fuego lento hasta que la coliflor esté tierna.
2. Añada el comino, el chile en polvo y el ajo en polvo, y luego sazone con sal y pimienta.
3. Incorpore el queso crema hasta que se derrita y luego mezcle todo con una batidora de inmersión.
4. Bata la leche de coco y, a continuación, sirva con una cuchara en un cuenco.
5. Servir con palitos de apio en rodajas.

Nutrición: Calorías 75 Grasas 6g Proteínas 2,5g Carbohidratos netos 2g

Huevos endiablados con bacon

Tiempo de preparación: 2 minutos

Tiempo de cocción: 20 minutos

Porciones: 6

Ingredientes:
- Seis huevos grandes
- Tres rebanadas de tocino de corte grueso
- ¼ de taza de mayonesa de aceite de aguacate
- 1 cucharadita de mostaza de Dijon

Direcciones:
1. Colocar los huevos en una cacerola y verterlos con agua.
2. Llevar el agua a ebullición, luego retirar del fuego y dejar reposar durante 10 minutos.
3. Mientras tanto, cocine el tocino en una sartén a fuego medio-alto hasta que esté crujiente.
4. Enjuague los huevos en agua fría hasta que estén lo suficientemente fríos como para manipularlos, y luego pélelos.
5. Cortar los huevos por la mitad y verter las yemas en un bol.
6. Añadir una cucharada de grasa de tocino de la sartén junto con la mayonesa y la mostaza.
7. Colocar la mezcla en las mitades de los huevos y desmenuzar el bacon por encima.

Nutrición: Calorías 145 Grasas 11g Proteínas 8,5g Carbohidratos netos 3g

Lightning Source UK Ltd.
Milton Keynes UK
UKHW020641100521
383461UK00014B/934